初心者のための犬の繁殖ビジネスを始める本

フリーマネー、ドッグビジネスアイテム、介助犬の取り扱い、子犬の出産に関するブリーダーガイド

ブライアン・マホーニー

著作権 © 20124 ブライアン・マホーニー
無断転載を禁じます。

免責事項

本書は起業の手引きとして書かれた。他の利回りの高い行動と同様、起業にはある程度のリスクが伴う。本書は、会計、法律、財務、その他の専門家のアドバイスの代わりとなるものではありません。これらの分野でアドバイスが必要な場合は、専門家のサービスを受けることをお勧めします。

本書に掲載されている情報は可能な限り正確を期しておりますが、個々の項目の正確性や最新性を保証するものではありません。ビジネスに関する法律や手続きは常に変化している。

したがって、本書の著者であるブライアン・マホニーは、いかなる場合においても、ここに提供された情報の使用に関連する特別損害、間接損害、派生的損害、あるいはいかなる損害に対しても責任を負わないものとする。

無断複写・転載を禁じます。

本書のいかなる部分も、著者の書面による許可なく使用または複製することを禁じます。

目次

CChapter 1 犬の繁殖の概要

第 2 章 犬の生殖と分娩

第 3 章 介助犬育成の手引き

第 4 章 犬の飼育用品と設備

第 5 章 ステップ・バイ・ステップでビジネスを始めよう

第 6 章 ビジネスプランの書き方

第 7 章 ビジネス保険

第 8 章 政府補助金の金脈

第 9 章 クラウドファンディングで巨額のキャッシュを得る

第 10 章 マーケティング 無料で 10 億人にリーチする方法

第 11 章 DOG BREEDING WEB リソースガイド

第1章
犬の繁殖概要

犬の繁殖の概要

犬の繁殖

アメリカンドッグブリーダー協会

アメリカン・ドッグ・ブリーダーズ・アソシエーションは、1909年9月に多犬種協会として発足した。会長に就任したガイ・マッコード氏は、アメリカン・ピット・ブル・テリアの熱心な愛好家でありブリーダーであった。コルビー氏はA.D.B.A.の大黒柱であり、コルビー犬の「ホーム」登録事務所であることを自慢していた。コルビー氏はA.D.B.A.の中心的存在で、コルビー犬の"ホーム"登録事務所であることを自慢していた。排他的な会員の考え方は、次第に純血種の犬のすべての飼い主とブリーダーに開かれた登録へと変わっていったようだ。やがて協会はアメリカン・ピット・ブル・テリアの登録に重点を置くようになった。

犬の繁殖の概要

A.D.B.A.は1951年にマッコード氏の手からフランク・フェリス氏の手に渡った。彼は妻のフローレンス・コルビー（故ジョン・P・コルビーの妻）と共に、A.D.B.A.を限られた規模で運営し続けましたが、A.P.B.T.種のみの登録にますます重点を置くようになりました。

1973年、ハワード・ハインツルの推薦により、ラルフ・グリーンウッドとその家族は、高齢のため引退を余儀なくされたフェリス氏からA.D.B.A.を購入しました。(ハインツル氏はフランク・フェリスの個人的な友人であり、A.D.B.A.の熱心な支持者であった。彼もきっと喜んだことだろう。

この協会はアメリカ国内だけでなく、海外でも成長を続けている。アメリカン・ドッグ・ブリーダーズ・アソシエーションは、アメリカン・ピット・ブル・テリアの最大の登録事務所であり、現在では他の純血種の犬（通常はワーキング・ブリード）も受け入れている。

2006年10月27日より、同レジストリーは他の純血種の犬を受け入れるために血統登録簿を公開している。

犬の繁殖の概要

犬の繁殖とは？

犬の繁殖とは、特定の資質や特性を維持または生み出すことを意図して、選ばれた犬同士を交配させることである。犬の繁殖」とは、特に、飼い主が意図的に繁殖させる人為的な繁殖を指す。意図的に犬を交配させて子犬を産ませる人をドッグブリーダーと呼ぶ。ブリーディングは遺伝学の科学に依存しているため、犬の遺伝、健康、犬の使用目的などの知識を持ったブリーダーが適切な犬の繁殖を試みる。

犬の繁殖の概要

歴史

スコットランド、ファイフの村に3代続く"ウェスティ"たち

人類は有史以前から、生息地の周辺に有用動物の個体群を維持してきた。有用と思われる犬には意図的に餌を与え、そうでない犬は無視したり殺したりして、何千年もの間、人間と特定の種類の犬との関係を築いてきた。この数千年の間に、家畜化された犬は、家畜番犬、狩猟犬、サイトハウンドなど、それぞれ異なるタイプやグループに発展してきた。犬の品種改良における人為的淘汰は、過去14,000年にわたって犬の行動、体型、サイズに影響を与えてきた。

オオカミからイヌに進化したのは、新奇性（neoteny）または幼形淘汰の一例であり、その結果、幼い身体的特徴が保持される。オオカミと比較すると、多くの成犬種は、柔らかいフサフサの毛、丸い胴体、大きな頭と目、直立せずに垂れ下がった耳などの幼い特徴を保持している。これらの特徴は、ほとんどの幼い哺乳類に共通するものであるため、一般的に、人間を含むほとんどの成体哺乳類から、種を越えてある程度の保護・養育行動を引き出す。

犬の繁殖の概要

このような特徴は、オオカミの子犬よりもイヌの子犬に対してより防衛的な行動をとるよう、オオカミの成獣のメスに促すことさえある。イヌのネオテニーの例はさらに進んでおり、さまざまな犬種は選択された行動のタイプによってネオテニー化が異なる。

このような区別を維持するために、人間は特定の特徴を持つ犬同士を意図的に交配させ、子孫にそのような特徴を持たせるようにしてきた。このような過程を経て、何百もの犬種が開発されてきた。当初、働く犬、そして後には純血種の犬を飼うことは、裕福な人々の特権であった。現在では、多くの人が犬を買う余裕がある。純血種の犬を繁殖することを選んだブリーダーもいれば、AKC（アメリカン・ケンネル・クラブ）が保管するような血統登録簿に記録するために、ケンネル・クラブのような犬籍登録機関に子犬の子を登録することを好むブリーダーもいる。

このような登録機関は犬の血統の記録を管理し、通常は犬舎クラブと提携している。正しいデータを維持することは、純血種の犬の繁殖にとって重要である。記録にアクセスすることで、ブリーダーは血統を分析し、形質や行動を予測することができる。

犬の繁殖の概要

登録された純血種の繁殖条件は、犬種、国、犬舎クラブ、登録機関によって異なる。その結果、「人間によって選択的繁殖が行われたとき、特定の犬種の鼻がつぶされ、脳が変形したことが示唆された」（Scientific American, 2010）と結論付けられている。ブリーダーは、特定の団体の犬種維持育成プログラムに参加するために、その団体の規則を守らなければならない。その規則は、関節のX線検査、股関節の証明書、目の検査といった犬の健康状態、特別なテストに合格する、あるいはトライアルで成績を残すといったワーキング・クオリティー、犬種の専門家による犬の評価といった一般的なコンフォメーションに適用される。しかし、多くの登録機関、特に北米の登録機関は、質の悪い犬や健康状態の悪い犬を排除する取り締まり機関ではない。その主な機能は、単に登録されている両親から生まれた子犬を登録することである。

犬の繁殖の概要

批評

犬の中には、ある種の遺伝的特徴を持ち、それが障害や病気に発展することがあります。犬の股関節形成不全もそのひとつです。眼の異常、心臓の疾患、難聴の症例も遺伝することが証明されている。これらの疾患については、一般的に犬種クラブや犬籍登録団体が主催する大規模な研究が行われており、また専門的な犬種クラブは、その犬種に共通する遺伝的欠陥の情報を提供している。また、Orthopedic Foundation for Animals（動物のための整形外科財団）のような特別な団体もデータを収集し、ブリーダーや一般の人々に提供しています。股関節形成不全のような症状は、犬種によっては他の犬種よりも影響が大きい場合があります。

アメリカン・ケンネル・クラブのような登録機関によっては、個々の犬の記録に証明書として知られる特定の遺伝的欠陥がないことの記録を含めることがあります。例えば、ドイツのジャーマン・シェパード・ドッグ・ナショナル・ブリード・クラブは、股関節形成不全がこの犬種の犬の遺伝的欠陥であることを認めている登録機関です。

犬の繁殖の概要

そのため、股関節形成不全がないことを証明するために、すべての犬の血統登録が義務付けられている。

BBCのドキュメンタリー番組『Pedigree Dogs Exposed』や『Pedigree Dogs Exposed - Three Years On』では、近親交配による犬の健康被害を訴えている。パグ種や北京犬種の呼吸障害、ダックスフンド種の脊椎障害、キャバリア・キング・チャールズ・スパニエル種の脊髄空洞症などである。

犬の繁殖を目的とした人工繁殖技術の進歩は役に立つが、自然淘汰の原則の代わりに使いすぎると「有害な影響」ももたらすと主張する科学研究者もいる。こうした科学者たちは、自然淘汰をより深く理解し、犬の繁殖においてより自然主義的なアプローチをとることを求めている。

犬の繁殖の概要

純血犬

純血種の犬とは通常、血統書に血統が記録されている現代の犬種の犬を指し、全国的なケンネル・クラブに加盟している場合もあるブリード・クラブに登録されている場合もある。

純血種の犬はまた、現代品種ではない特定の犬種や土地改良区の犬を指す場合にも使われることがある。生物学者のレイモンド・コッピンジャーは、あるイタリアの羊飼いが、羊の番犬が産んだ子犬の中から白い子犬だけを残し、それ以外は淘汰してしまう例を挙げている。羊飼いの純血の定義は間違ってはいない。しかし、通常の定義は現代の品種に関わるものである。

参加登録

純血種の犬は現代の犬種の血統書付きです。これらの犬はブリード・クラブに登録されることがある。ブリード・クラブはオープン・スタッド・ブックである場合もあれば、クローズド・スタッド・ブックである場合もあります。通常、ブリードクラブはケネルクラブ（AKC、UKC、CKCなど）とも関連しています。しかし、ブリード・クラブに登録されている犬は通常「登録犬」と呼ばれます。

犬の繁殖の概要

ブリード・クラブにも登録されている犬だけに使われることもあるが、単に標準化された犬種の中で血統が知られている犬を指す総称として使われることの方が多い。純血種だからといって、質の高い犬だと解釈することはできない。その犬の健康状態、気質、賢さなどの質を反映するものではなく、単にその犬がブリーダーによって血統が知られているということを示すものである。現在ではDNA検査によって親犬であることを保証できるブリード・クラブもありますが、ほとんどの場合、すべてのブリード・クラブはブリーダーの言葉や親犬の選択に頼らざるを得ません。ケネル・クラブのコンセプトが生まれた当初は、犬の繁殖は非常に裕福な人たちの間でしか行われておらず、彼らの評判がかかっていたため、このようなことは問題にならなかった。しかし、繁殖が盛んになった現代では、DNAで証明された純血種であり、全国大会で優勝した登録チャンピオンであっても、深刻な健康問題を抱えている可能性があることに注意しなければならない。

犬の繁殖の概要

　クローズド・スタッド・ブックでは、すべての犬が既知の登録された祖先の子孫であることが要求される。特定の特徴を強化するために、閉鎖的な血統登録台帳に登録された現代の純血種の犬のほとんどは、高度に近親交配されており、遺伝に基づく病気の可能性を高めている。

　オープン・スタッドブックとは、多少の交配は許容されるという意味で、牧畜犬、狩猟犬、ワーキング・ドッグ（ワーキング・ドッグとは警察犬、補助犬、その他狩猟や家畜ではなく、人間と共に直接働く犬を意味する）の登録犬種で、コンフォーム・ショーイングというスポーツに従事していない犬種に用いられることが多い。他の犬種との交配や、（外見的な繁殖ではなく）作業的な特性を求めての繁殖は、より健康的な犬をもたらすと考えられている。ある特定の血統犬を、その犬の作業スタイルや外見の望ましさによって過度に使用することは、その犬種がオープン血統書を使用しているかクローズド血統書を使用しているかにかかわらず、遺伝的多様性を狭めることにつながる。

犬の繁殖の概要

ジャック・ラッセル・テリア・クラブ・オブ・アメリカは、「近親交配は優秀な遺伝子を好むと同時に、有害な遺伝子をも好む」と述べています。ジャック・ラッセル・テリアのように近親交配を厳しく制限している犬種もあります。

犬の交配種

犬の交雑種（犬の雑種とも呼ばれる、2頭の純血種から生まれた第一世代の交雑種）は犬種ではなく、純血種とはみなされません。しかし、同じ2頭の純血種から生まれた交雑種は、2頭の純血種を交配した場合に予想されるのと似た「同一の性質」を持つことがありますが、遺伝的な変異はより多くなります。しかし、交雑種は真の繁殖（子孫が一貫した、再現可能で予測可能な特徴を示すことを意味する）をすることはなく、元の2つの純血種に戻ることによってのみ繁殖することができる。

公開血統登録に登録されている狩猟犬、牧畜犬、作業犬のうち、交雑犬は、その犬がその犬種の方法で作業する場合、最もよく似た犬種の一員として登録することができる。

犬の繁殖の概要

狩猟犬、牧畜犬、ワーキングドッグの登録団体の中には、正しい方法で働くのであれば、ミックス犬（血統が不明という意味）を犬種のメンバーとして受け入れ、実力で登録すると呼ぶところもある。

ミックス・ブリード

ミックス犬（血統が不明）、交配犬（2つの異なる純血種から生まれた犬）、あるいは未登録の純血種のペット犬については、どんな犬でも純血種として証明する、有料の小規模なインターネット登録事業が数多く存在する。

しかし、新しい犬種は常に合法的に作られており、新しい犬種や珍しい犬種のための合法的な登録を提供する新しい犬種協会や犬種クラブのウェブサイトも数多くある。新しい犬種の犬が「ほとんどの特徴において目に見えて似ている」場合、そして「既知の、そして指定された基礎となる血統」からの血統が確実に文書化されている場合、その犬は犬種の一員とみなすことができ、個々の犬が文書化され登録されている場合、その犬は純血種と呼ぶことができる。純血種かどうかは、その犬種の基礎となる血統からの血統を証明する書類によってのみ決定されます。

犬の繁殖の概要

ショードッグ

ショードッグという言葉は、一般的に2つの意味で使われている。ドッグ・ファンシャーの人々にとって、ショードッグとは、ブリード・タイプに適合した、卓越した純血種の犬であり、外向的でエネルギーの高い性格の犬である。ドッグショーに興味のない人々にとっては、「ショードッグ」という言葉は、外見だけが取り柄の犬を指す言葉として、皮肉を込めて使われることが多い。レイモンド・コッピンジャーは、「最近の純血犬の繁殖ブームは、ひどく手に負えない」と言う。

ドッグショー（および関連スポーツである子供や若者のためのジュニア・ハンドリング）は、依然として人気のある活動である。ひとつのショー、2006年のCruftsドッグショーだけでも、14万3,000人の観客を動員し、35カ国から178犬種を代表する2万4,640頭の純血種の犬がエントリーした。コンフォーム・ドッグ・ショーというスポーツは、登録された純血種の犬だけが参加できる。

犬の繁殖の概要

健康問題

遺伝的疾患は血統登録台帳が閉鎖されている登録犬にとって特に問題となる。多くの国内ケネル・クラブでは、特定の遺伝的疾患を持つ犬や、それを保有する犬の登録を禁止している。最も一般的な疾患には、大型犬に見られる股関節形成不全、ドーベルマン・ピンシャーに遺伝する血小板に影響を及ぼす病気であるフォン・ウィルブランド病、シャーペイや他の多くの犬種に見られるまぶたが丸くなる眼瞼内反症、多くの犬種に遺伝する進行性網膜萎縮症、難聴、ベルジアン・シェパード・ドッグ、ジャーマン・シェパード・ドッグ、コッカー・スパニエル、セント・バーナードなどに遺伝することが知られているてんかんなどがある。2008年、BBCは血統書付きの犬の健康問題についてのドキュメンタリーを放映した。

犬の繁殖の概要

純血犬の未来

現在存在するケネルクラブの犬種のほとんどは、19世紀後半に既存の陸上競技犬種から選ばれたものである。しかし、現在それらの犬たちがどのように見えるかは、犬種クラブが選んだ犬種の説明の中に収まるようにカスタマイズされている。そのためには、選択的繁殖と厳しい淘汰が必要だった。その結果、遺伝的なボトルネックが生まれ、閉ざされた血統登録台帳からの繁殖が成り立たなくなると考える人もいる。改善のための提案として、アウトクロス（血統書の公開）、近親交配の測定と規制などがある。ブリーダーの中には、繁殖した犬が他の犬と交配しすぎないように気を配り、人気のある種牡馬と交配することで遺伝的プールが縮小しないようにしている人もいる。しかし、単に2頭の"ペーパー犬"を交配させればいいと思っているブリーダーも大勢いる。

しかし、科学は進歩し続け、ブリーダーが遺伝病を検査できるようになった。以前はブリーダーは罹患した動物しか見つけることができなかったが、今ではDNA検査ができるようになり、罹患した遺伝子を持たない動物だけを繁殖させ、より強い品種を作り出すことができるようになった。

第 2 章
犬の生殖と分娩

犬の繁殖と分娩に関する包括的なガイドへようこそ。このガイドは、繁殖と出産を成功させるために必要不可欠なプロセスと注意点について説明します。

1. 犬の生殖解剖学を理解する

　オス犬：
　　主な生殖器官は精巣で、精子とテストステロンを生成する。
　　ペニスには、交尾の際に膨張し、効果的な生殖のための "結び目 "を確保する腺房がある。

　メス犬：
　　主な臓器は卵巣、子宮、膣などである。
　　雌は発情周期（発情期）を経て、発情期、発情期、発情休止期、無発情期の４期に分かれる。

2. 発情サイクル

　発情期（平均９日間）：
　　外陰部の腫脹と血性分泌物。
　　メスはオスを惹きつけるが、受け入れることはない。

　発情期（５～１３日）：
　　排卵が起こり、メスは受胎可能な状態になる。
　　おりものは軽くなり、膣口は腫れたままである。

　発情期（妊娠していない場合は２ヶ月）：
　　ホルモンレベルは安定し、メスはもはや受容的ではなくなります。

無発情期（4〜5ヶ月）：
　　次のサイクルまでの休息期間。

3. 交配

　　自然交配：オス犬とメス犬が自然に交わるようにする。「タイ」は、バルバス腺が膨張し、犬同士が一時的にロックされることで起こる。
　　人工授精：自然交配が不可能な場合に用いる。獣医が精子を採取し、メスの生殖管に注入する。

4. 妊娠

　　妊娠期間は58〜68日（平均63日）。
　　妊娠の兆候：
　　　腹部の膨張。
　　　食欲増進。
　　　行動の変化（愛想がよくなったり、引っ込み思案になったりする）。
　　　乳首が大きくなり、黒ずむことがある。

獣医の確認

　　超音波検査（21〜25日）。
　　Ｘ線検査（子犬の数を評価するため、45日目から）。

5.分娩の準備

　　ウィルピング・ボックスを作る：
　　　ダムが快適にストレッチできる大きさ。
　　　出入りしやすい低い壁だが、子犬を閉じ込めるには十分な高さがある。
　　　柔らかくて清潔な寝具。

　　備品を集める：
　　　清潔なタオル。
　　　ヒートパッド（弱に設定）またはヒートランプ。
　　　バルブシリンジ（子犬の気道を確保するため）
　　　使い捨て手袋。
　　　滅菌ハサミと臍クランプ。

　　ダムを監視する
　　　最後の1週間は、直腸温を毎日2回測定する。98〜99°Fまで下がれば、24時間以内に陣痛が始まることを示す。

6.分娩プロセス

ステージ1：準備（6〜12時間）：

　　落ち着きのなさ、喘ぎ、巣ごもり、食欲不振。
　　子宮頸管が拡張し、子宮収縮が始まる。

ステージ２：出産（6〜12時間以上）：

　　子犬はおよそ30〜60分間隔で生まれる。
　　それぞれの子犬は羊膜嚢に包まれており、ダムが決壊するはずである。

必要に応じてアシストする：

　　袋をやさしく破り、子犬の鼻と口をきれいにする。
　　清潔なタオルでこすって呼吸を促す。

ステージ３：出産後

　　胎盤は子犬ごとに排出される。
　　ダムは胎盤を食べ過ぎないように注意する。

7.介護後のケア

　　ダムのために
　　　　感染の徴候（悪臭を放つおりもの、発熱、嗜眠）がないか監視する。
　　　　栄養価の高い食事と新鮮な水を提供する。
　　子犬用：
　　　　暖かさをチェックする（子犬は初期段階では体温調節ができない）。
　　　　初乳を摂取させるために、子犬が最初の2時間以内に授乳するようにしてください。
　　　　体重増加を観察する（毎日の体重測定を推奨）。

8.トラブルシューティング

難産：
以下の場合は獣医師の診断を受けること：
子犬がいない状態で陣痛が 2 時間を超える。
子犬が産道で立ち往生している。
子犬がいないのに緑色のおりものが出る。

子犬の問題
体が弱かったり、反応が鈍かったりする子犬には、やさしい刺激と温かさが必要です。

9.長期ケア

子犬は早めに社会化させ、ワクチン接種と健康チェックのために 6 ～ 8 週目に最初の獣医の診察を受ける。
子犬の離乳は 3 ～ 4 週の間に徐々に行う。

これらのステップに従うことで、雌犬にとっても子犬にとっても安全で健康的な経験をすることができます。

新生児ケアと子犬の健康は、犬の繁殖において非常に重要です。以下にいくつかの注意点を挙げます：

新生児ケア：

温度管理：生まれたばかりの子犬は体温調節ができないため、出産場所を暖かく保つ（85～90°F 前後）。

授乳：子犬は生後数時間以内に授乳し、必要な抗体を供給する初乳を与えなければならない。

衛生：感染症を予防するために、子牛の産室を清潔に保ち、乾燥させる。

モニタリング子犬に苦痛、病気、発育不良の兆候がないか監視する。

子犬の健康について

ワクチン接種一般的な病気から子犬を守るために、獣医師が推奨するワクチン接種スケジュールに従ってください。

駆虫：定期的に駆虫を行い、腸内寄生虫を駆除する。

栄養年齢と犬種に適したバランスのとれた食事を与え、成長と発育をサポートする。

社会化：社会化を促進し、問題行動を減らすために、子犬をさまざまな環境、人、経験にさらす。

健康チェック健康上の問題を早期に発見し、対処するために、獣医師による定期的な健康チェックを予定する。

適切な新生児ケアを保証し、子犬の健康に配慮することは、犬の繁殖ビジネスを成功させるために不可欠な、健康で幸せな犬を育てることに貢献します。

繁殖サイクルの準備と交配手順

繁殖サイクルを理解する:

特定の品種の繁殖サイクルと特徴を学ぶ。
犬の発情周期の4つの段階(発情期、発情期、発情休止期、無発情期)をよく理解しましょう。
メス犬の行動の変化や、膣口の腫れや分泌物のような身体的指標など、準備の兆候を監視する。

健康診断と遺伝子検査

繁殖前の獣医学的検査を予定し、両方の犬が最適な健康状態にあることを確認する。

遺伝子検査を実施し、子孫に遺伝する可能性のある問題を特定する。

予防接種を更新し、両犬に寄生虫や伝染病がないことを確認する。

繁殖計画を立てる:

交配の理想的なタイミングは、メスの発情周期(通常、発情9〜14日目頃)に基づいて計画する。

近親交配を避けるため、犬の血統、健康状態、過去の出産を記録しておく。

特定の形質の改善や品種標準の達成など、繁殖の目標を明確にする。

環境を整える：

　静かでストレスのない場所で、交配を行う。
　スペースが清潔で、気が散ったり潜在的な危険がないことを確認する。
　交尾後のメスが休める快適な場所を用意する。

交配の手順：

　テリトリー行動を最小限に抑えるため、管理された中立的な空間で犬を紹介する。
　安全性と適切なかみ合わせを確保するため、特に5〜30分かかるタイ・フェーズのかみ合わせを観察する。
　ストレスや怪我を減らすため、交配中は犬の邪魔をしないようにする。

交配後のケア：

　食欲、行動、体調の変化など、妊娠の兆候がないかメスを監視する。

　超音波検査または触診で妊娠を確認するため、獣医師の再診を予約する。

　健康な妊娠をサポートするために、女性の食事と運動習慣を調整する。

経験豊富なブリーダーからの詳細なアドバイス、チェックリスト、ヒントを盛り込むことで、犬の繁殖ビジネスを始める読者にとって、この章の価値を高めることができる。

第3章
ガイド
介助犬の繁殖

介助犬の繁殖は、遺伝学、気質、訓練についての深い理解を必要とする、目的意識を持った専門的な取り組みです。ここでは、責任を持って倫理的に取り組むための体系的なガイドをご紹介します：

1.介助犬の役割を理解する

介助犬は、特定の作業を行うことで、障害のある人を支援します。一般的なタイプは以下の通り：

　　視覚障害者のための盲導犬。
　　難聴者のための聴導犬。
　　身体障害者補助犬。
　　精神衛生をサポートする精神科介助犬。

それぞれの役割にはユニークな特徴が要求されるため、繁殖プログラムは適切な身体的・行動的特徴を目標としなければならない。

2.適切な品種を選ぶ

ある種の犬種は、その知性、気質、訓練性の高さゆえによく使われる：

　　ラブラドール・レトリバー友好的で順応性があり、喜んでもらいたがる。
　　ゴールデン・レトリバー知的で優しい。
　　ジャーマン・シェパード忠実で規律正しい。
　　プードル低アレルギー性で高い知能を持つ。

あなたが選ぶ犬種は、あなたがサポートしようとする特定の介助犬業務に沿ったものでなければなりません。

3.繁殖ストックの評価

繁殖犬は以下の資質を備えていなければならない：

　　良好な健康状態：一般的な遺伝的疾患（股関節形成不全、目の疾患、心臓疾患など）の健康診断を実施する。
　　安定した気質：不安、攻撃性、極度の内気な犬は避ける。
　　証明された血統：成功した介助動物の歴史を持つ血統から犬を選びます。

すべての犬が犬種基準を満たし、行動評価に合格していることを確認する。

4.気質検査

早期に気質評価を開始する：

　　7〜8週齢の子犬適性検査（PAT）：好奇心、社会的魅力、騒音感受性、驚愕反応を測定する。
　　行動観察：回復力、集中力、学習意欲を見る。

5.トレーニングの可能性

あなた方の目標は、そのような犬を生産することです：

　　知性：複雑な仕事にも適応できる素早い学習者。
　　落ち着いた態度：高ストレス環境での快適さ
　　社会化スキル：人や他の動物とうまく交流する能力。

様々な環境、音、人との早期の社会化は不可欠である。

6. 倫理的慣行に従う

　　繁殖頻度を制限する：繁殖動物の健康を守る
　　規制を遵守する：動物の飼育に関する地方法、州法、連邦法を確認する。
　　透明性：完全な健康状態および血統記録をバイヤーまたは組織に提供する。

7. トレーナーや団体との提携

共同作業が鍵経験豊富な訓練士、獣医師、介助犬団体と協力する：

　　子犬を適切なトレーニングプログラムに適合させる。
　　繁殖方法を改善するためのフィードバックを得る。

8. 不向きな犬のための計画

すべての子犬が介助犬の基準を満たすわけではありません。そのための計画を立てましょう：

　　愛情深いペットの家庭への養子縁組。
　　別の役割セラピー動物または感情支援動物。

9. 継続的な教育への投資

常に情報を入手する

　　遺伝学と育種法の進歩。
　　進化する介助犬の作業要件。
　　健康と行動の研究。

これらのステップに従うことで、人生を変える介助犬の誕生に有意義に貢献することができます。

第4章
犬の繁殖
消耗品
設備

犬の繁殖用品＆機器

ペット・エッジ

PetEdge は、グルーミング用品とディスカウントペット用品の卸売りの大手サプライヤーです。

ペットエッジでは、カタログやウェブサイトを通じて、**12,000** を超えるナショナルブランドやペットエッジ限定のブランド製品にアクセスすることができます。

http://goo.gl/R9DDto

バレーベット

処方薬、ワクチン、寄生虫駆除、フェンス材、鋲、新しいブーツなど、お探しのものが何であれ、**23,000** 点以上の商品を提供する ValleyVet をおいて他にない！

https://urlzs.com/hh2ro

犬の繁殖用品＆機器

エクソダス・ブリーダーズ

エクソダスブリーダーは、以下のような生殖用品を提供している。

- 人工授精キット
- 採血用品
- イヌのエクスプレス精液輸送
- 犬舎管理・用品
- 排卵キットと検出器
- すべてのプラスチック製滅菌注射器と注射針
- 子犬用蘇生キット
- 精液採取用品
- 精液凍結管理用品

その他にもいろいろある！

https://www.exodusbreeders.com/

犬の繁殖用品＆機器

A to Z 獣医用品

A to Z Vet Supply には 50,000 以上の商品があります。A to Z Vet Supply から犬の飼育用品を直接購入すると、犬の飼育に必要なものがすべてお得に手に入ります。高品質のグルーミング用品、薬、寝具、その他の犬舎用品を手頃な価格で便利に購入できます。

A to Z Vet Supply は、繁殖用サプリメントから妊娠検査、子犬のためのワクチンまで、出産用品のワンストップリソースでもあります。

彼らはまた、こうも言う：

- ノミ・マダニ駆除製品
- D ワーマーズ
- カラーとリース
- サプリメント / 栄養製品
- トレーニング補助器具
- おもちゃとおやつ
- ID システム

https://urlzs.com/kYMf1

犬の繁殖用品＆機器

公認犬種の全リスト

アメリカンケネルクラブ

アメリカンケネルクラブは、犬籍登録の完全性を維持し、純血種の犬のスポーツを促進し、型と機能のための繁殖に専念しています。1884年に設立されたAKC®とその関連団体は、家族の伴侶としての純血種の犬を擁護し、犬の健康と福祉を増進し、すべての犬の飼い主の権利を保護し、責任ある犬の飼育を推進しています。

公認されている犬種のリストを入手できるだけでなく、このウェブ・サイトから、以下のことができる：

- 犬のしつけグッズとサービスを手に入れよう
- 子犬を探す
- 新製品を見る
- スポーツイベントに参加する
- 犬の登録

http://www.akc.org/dog-breeds/

犬の繁殖用品＆機器

ドッグトレーニング用品

http://www.dog-training.com/

http://www.roverpet.com/

http://www.dogsupplies.com/

http://www.petwholesaler.com/index.php

http://www.happytailsspa.com/

http://www.futurepet.com/

http://www.petmanufacturers.com/

http://www.k9bytesgifts.com/

http://www.kingwholesale.com/

http://www.upco.com/

犬の繁殖用品＆機器

認証プログラム

日本サッカー協会

プロのドッグトレーナー

The Certification Council for Professional Dog Trainers® (CCPDT®)は、ドッグトレーニングと行動学の専門家のための主要な独立試験および認定機関です。CCPDTは、人道的で科学的根拠に基づいたドッグトレーニングの実践を習得していることを証明するための厳格な試験の開発において、世界的な基準を設定しています。非営利の民間団体です。

http://www.ccpdt.org/

協会

プロのドッグトレーナー

APDTは、ドッグトレーニングのキャリアをスタートさせたばかりの方、業界経験豊富なベテランの方、あるいはご家族の一員にどのように犬を加えるのがベストなのか決めかねている方にも、必要なアドバイス、サポート、トレーニングを提供します。

https://apdt.com/join/certification/

第5章
ステップ・バイ・ステップでビジネスを始める

ビジネスを始める

アメリカだけでも 3000 万以上の在宅ビジネスがある。

多くの人が、ホームビジネスを持つことによる独立と経済的報酬を夢見ている。しかし残念なことに、彼らは分析麻痺に陥ってしまい、行動を起こすことを止めてしまう。この章は、あなたが始めるためのロードマップを提供するために設計されています。どんな旅でも、一番難しいのは最初の一歩です。

アンソニー・ロビンズは『パーソナル・パワー』というプログラムを作った。私はずいぶん前にこのプログラムを学んだが、今日それを要約すると、失敗を恐れずに大規模な行動を起こすためのモチベーションを高める方法を考えなければならない、ということになる。

2 テモテ 1:7 欽定訳

「神は私たちに恐れの霊を与えず、力と愛と健全な心を与えてくださった。

ビジネスを始める

step #1 家の中にオフィスを作る

本気でお金を稼ぎたいのなら、男の隠れ家か女の隠れ家を作り直し、誰にも邪魔されずにビジネスができる場所を作ることだ。

step #2 ビジネスに使える時間を確保する

もしあなたがすでに仕事を持っていたり、子供がいたりすれば、電話はあなたの時間を大きく奪うことになる。良かれと思って電話を使い、時間泥棒になる友人は言うまでもない。ビジネスのための時間を予算化し、それを守りましょう。

step #3 業種を決める

堅苦しくなる必要はない。経験を積めばもっと柔軟になれる。

ビジネスを始める

ステップ4 ビジネスの法的形態

基本的な法的形態は、個人事業、パートナーシップ、会社の3つである。それぞれに利点がある。www.Sba.gov、それぞれについて学び、決断しよう。

step #5 ビジネスネームを決めて登録する

ビジネスネームを選ぶ最も安全な方法のひとつは、自分の名前を使うことだ。 自分の名前を使うことで、コピーライトの侵害を心配する必要がない。

ただし、法的な問題を扱う場合は、必ず弁護士または適切な法的機関に確認してください。

ビジネスを始める

ステップ#6 ビジネスプランを書く

これは当然のことのように思えるだろう。何を成し遂げようとするにしても、青写真を持つべきです。ビジネスプランを持つべきだ。NFLでは毎シーズン約7人のヘッドコーチが解雇される。だから、競争の激しいビジネスにおいて、ヘッドコーチ経験のない男がNFLのフィラデルフィア・イーグルスに雇われた。彼の名前はアンディ・リード。アンディ・リードは後に、チーム史上最も成功したコーチになる。オーナーが彼を雇った理由のひとつは、彼が電話帳サイズのビジネスプランを持っていたからだ。ビジネスプランはそこまで大きくする必要はないが、可能な限り多くのことを計画しておけば、計画通りに物事が進まなかったときにガタつくことは少なくなる。

ステップ#7 適切なライセンスと許可

市役所に行き、ホームビジネスを始めるために必要なことを調べる。

ビジネスを始める

step #8 ウェブサイトの開設、名刺、文房具、パンフレットの選定

これは、ビジネスを始めるだけでなく、ビジネスを促進し、ネットワーク化するための最も安価な方法のひとつである。

ステップ#9 ビジネス用当座預金口座の開設

ビジネス用の口座を別に持つことで、利益や経費の把握がより簡単になる。これは、自分で税金を計算するにしても、専門家に依頼するにしても便利だ。

step #10 今日、何らかの行動を起こす！

これは、ビジネスを始めるための包括的な計画ではありません。ビジネスを始めるための正しい方向を示すためのものです。中小企業庁（Small Business Administration）に行けば、ビジネスを始めるための無料資料がたくさんあります。SCORE というプログラムもあり、無料でアドバイスをしてくれる退職した専門家にアクセスすることができる！ウェブサイト：**www.score.org**

第6章 ベスト・ウェイを書く事業計画

ビジネスプランの書き方

何百万人もの人々が、お金を稼ぐ秘訣は何かを知りたがっている。ほとんどの人は、ビジネスを始めることだという結論に達している。では、どうやってビジネスを始めるのか？ビジネスを始めるために最初にすることは、ビジネスプランを作成することだ。

ビジネスプランとは、一連のビジネス目標、その目標が達成可能であると考えられる理由、そしてその目標に到達するための計画を正式に表明したものである。また、その目標を達成しようとする組織やチームの背景情報も含まれることがある。

専門的なビジネスプランは、8つの部分から構成される。

1.要旨

エグゼクティブ・サマリーは、ビジネスプランの中でも非常に重要な部分です。なぜなら、この部分には、あなたのビジネスの現状と、これから目指す方向性、そしてあなたが立てたビジネスプランが成功する理由が要約されているからです。事業を始めるための資金を要求する場合、エグゼクティブ・サマリーは投資家の注意を引くチャンスです。

ビジネスプランの書き方

2.会社概要

ビジネスプランの会社概要の部分は、あなたのビジネスの様々な側面をハイレベルでレビューします。これは、あなたのエレベーター・ピッチを簡潔な要約にまとめるようなもので、読者や可能性のある投資家が、あなたのビジネスの目標や、それを際立たせるもの、あるいはそれが満たすユニークなニーズを素早く把握するのに役立ちます。

3.市場分析

ビジネスプランの市場分析パートでは、その業界の市場や金額的な可能性について詳しく説明する必要があります。市場浸透のための論理的な戦略とともに、詳細なリサーチを示す必要があります。市場浸透のために低価格を利用するのか、それとも高品質を利用するのか？

4.組織とマネジメント

組織と経営」は「市場分析」に続くセクションです。ビジネスプランのこの部分には、あなたの会社の組織構造、法人設立の事業構造のタイプ、所有権、経営陣、そして必要であれば取締役会を含むこれらの役職に就いている全員の資格を記載します。

5. サービスまたは製品ライン

ビジネスプランの「サービス・ライン」「製品ライン」では、サービスや製品について説明します。製品やサービスが何をするかよりも、顧客にとってのメリットに焦点を当てましょう。例えば、エアコンは冷たい空気を作ります。その製品の利点は、彼らがバンパー・ツー・バンピートラフィックで運転しているか、病気で老人ホームに座っているかにかかわらず、それはクールダウンし、顧客をより快適にすることです。エアコンは、生と死の違いを意味するかもしれない必要性を満たします。このセクションを使用して、製品やサービスの最も重要な利点は何か、それはどのようなニーズを満たしていることを述べる。

6. マーケティングとセールス

実績のあるマーケティング・プランを持つことは、あらゆるビジネスの成功に不可欠な要素である。今日、オンライン販売は市場を席巻している。強力なインターネット・マーケティング・プランとソーシャル・メディア・プランを提示しましょう。YouTubeビデオ、Facebook広告、プレスリリースはすべて、インターネット・マーケティング・プランの一部になり得ます。チラシや名刺を配ることは、潜在顧客にリーチするための効果的な方法です。

ビジネスプランのこの部分で、予想売上高とその数字に至った経緯を述べましょう。売上高に関する統計の可能性がないか、類似企業をリサーチしてみましょう。

7. 資金要求

ビジネスプランの資金要求セクションを書く際には、消耗品、建物スペース、交通費、諸経費、事業の宣伝費など、詳細な資料を用意するようにしましょう。

8. 財務予測

以下は、ビジネスプラン・パケットに含めるべき重要な財務諸表のリストです。

過去の財務データ

過去の財務データは、銀行取引明細書、貸借対照表、ローンの担保となりうるものなどである。

見通し財務データ

ビジネスプランの財務データ・セクションは、少なくとも今後5年間を予測し、業界内での潜在的な成長性を示す必要があります。

最初の1年間は、月次または四半期ごとの予測を立てることができる。その後、年ごとに計画を立てる。

すべての財務諸表について、比率分析とトレンド分析を含める。ビジネスプランの財務予測セクションの一部として、ポジティブな傾向を説明するためにカラフルなグラフを使用します。

ビジネスプランの書き方

付録

付録は事業計画書の本文の一部であってはならない。知る必要がある場合にのみ提供すべきです。あなたのビジネスプランは多くの人に見られる可能性があり、特定の情報を誰にでも公開したいわけではありません。貸し手はそのような情報を必要とするかもしれないので、念のために付録を用意しておくべきです。

付録は以下のようなものだ：

クレジットヒストリー（個人およびビジネス）

  主要マネージャーの履歴書

  製品写真

  推薦状

  市場調査の詳細

  関連する雑誌記事や書籍の参考文献

  ライセンス、許可、特許

  法的文書

  リースのコピー

ビジネスプランの書き方

建築許可

契約

弁護士、会計士を含むビジネス・コンサルタントのリスト

事業計画を誰に見せるかを記録しておく。

私募の免責条項を含めること。プライベート・プレースメント・ディスクレーマーとは、プライベート・プレースメント・メモランダム（PPM）のことで、主に投資のデメリットに焦点を当てた文書である。

第7章
ビジネス
保険

営業保険

ビジネスに関することはすべて弁護士に相談すること。

1990年代初頭、アルバカーキのマクドナルドのドライブスルーの窓口で、高齢の女性が熱いコーヒーを購入した。彼女はコーヒーをこぼし、第3度の火傷を負った。彼女はマクドナルドを訴え、勝訴した。彼女は懲罰的損害賠償で270万ドルを勝ち取った。評決は控訴され、和解金は50万ドル程度と見積もられている。すべては、彼女が砂糖とクリームを入れようとしてコーヒーを膝にこぼしたからである。

オハイオ州に住む2人の男性はカーペット職人だった。彼らは、3.5ガロンのカーペット用接着剤の入った容器を隣に置いていた湯沸かし器のスイッチを入れたときに発火し、大やけどを負った。彼らは、缶の裏の警告ラベルが不十分だと感じた。そこで彼らは接着剤メーカーを相手取って訴訟を起こし、900万ドルの賠償金を勝ち取った。

オクラホマ州のある女性が新車のウィネベーゴを購入した。運転中、彼女はクルーズコントロールを時速70マイルに設定した。運転席を離れ、後部座席でコーヒーやサンドイッチを作ろうとした。

営業保険

車両は墜落し、女性はウィネベーゴ社を訴えた。クルーズ・コントロールは車両を運転したり操縦したりするものではないことを彼女に知らせなかったからである。彼女は170万ドルを勝ち取り、同社は取扱説明書を書き直すことになった。

残念ながら、この3つのとんでもない訴訟はすべて現実のものとなっている。どんなビジネスであれ、ビジネスを営むのであれば、Errors and Omissions (E & O)保険としても知られるプロフェッショナル賠償責任保険で身を守ることを考えるべきである。

この種の保険は、過失による訴訟請求から身を守るための費用全額を支払わなければならない事態からあなたを守るのに役立つ。

Error and Omissionsは、通常の賠償責任保険ではカバーされない請求からあなたを守ることができます。これらの保険は通常、身体的損害や財物に対する損害を補償するものである。Error and Omissionsは、過失や、不正確なアドバイスや不実告知などの精神的苦痛からあなたを守ることができます。刑事訴追はカバーされない。

公証人、不動産ブローカー、投資家、ソフトウェア・エンジニア、弁護士、ホームインスペクター、ウェブサイト開発者、造園家などの専門職には、エラーズ・アンド・オミッション保険をお勧めします。

営業保険

最も一般的な誤りと脱漏のクレーム：

25 受託者義務違反

15 契約違反

14 過失

13 監督不行き届き

11 不適格

10% その他

営業保険

Errors and Omission 保険に加入する前に知っておくべきこと、あるいは必要なことは…

* 責任限度額とは

* 免責金額とは

* FDD（ファースト・ダラー・ディフェンス）とは、保険会社に免責金額なしで争う義務を課すもの。

* テールエンド・カバレッジまたはエクステンデッド・レポート・カバレッジ（退職まで続く保険）に加入していますか？

* 従業員に対する補償の拡大

* サイバー賠償責任

* 労働省フィデューシャリー・カバレッジ

* 倒産カバレッジ

Errors and Omission 保険に加入している場合は、満期日に更新すること。補償内容に空白が生じないように注意しなければ、保険が更新されない可能性がある。

営業保険

E&O 保険会社

インシュリオン

Insureon によると、Errors and Omissions 保険の中央値は年間約 750 ドル、月々約 65 ドルである。もちろん、価格はあなたのビジネス、あなたが選択したポリシーや他のリスク要因に応じて異なります。

https://www.insureon.com/home

EO フォーレス

EOforless.com は、保険、投資、不動産の専門家が 5 分以内に手頃なコストで E＆O 保険を購入するのに役立ちます。

https://www.eoforless.com/

営業保険

カルシュアランス・アソシエイツ

の一部門であるカルシュアランス・アソシエイツは、大手保険ブローカーとして、包括的な保険商品、卓越したサービス、15万人以上の被保険者に実績のある結果を提供してきた50年以上の経験を持っています。米国最大手の金融会社や保険会社をはじめ、全米のさまざまな業界のプロフェッショナルにサービスを提供している。

http://www.calsurance.com/csweb/index.aspx

転ばぬ先の杖

保険はビジネスを行う上での隠れたコストのひとつです。以上、ビジネス保険について、数社と簡単な概要を紹介した。保険に関する決定を下す前に、必ず弁護士または資格を持った保険代理店に相談するようにしてください。あなたとあなたのビジネスを守りましょう。多くの州では、E＆O保険は義務付けられていない。しかし、示談にかかる費用を見れば、転ばぬ先の杖である。

ND# 第8章
政府補助金の宝庫

ウイニングの書き方

助成金提案

政府補助金の宝庫

政府補助金多くの人は、政府補助金の存在を信じていないか、あるいは、政府補助金をもらえるはずがないと思っている。

まず、はっきりさせておきたいことがある。政府の助成金はあなたのお金だ。政府のお金は、この国の住民が納める税金から出ている。どの州に住んでいるかにもよるが、ほとんどすべてのものに税金を払っている。車の固定資産税。ショッピングモールやガソリンスタンドで買ったものにかかる税金。ガソリン税、食料税など。

なぜなら、GMや大銀行、そしてアメリカ企業の大半のような億万長者企業は、自分たちの分け前を得ることに躊躇しないからだ！

連邦政府の支援プログラムは2,300以上ある。ローンもあるが、多くは公式補助金とプロジェクト補助金である。利用可能なすべてのプログラムを見るには、以下をご覧ください：

https://beta.sam.gov/help/assistance-listing

助成金提案書を書く

プロポーズの基本構成要素

しっかりとした提案パッケージを作成するには、8つの基本要素がある：

1. 提案の概要
2. 組織紹介
3. 問題提起（またはニーズ調査）；
4. プロジェクトの目的
5. プロジェクトの方法または設計；
6. プロジェクトの評価；
7. 将来の資金調達
8. プロジェクト予算

助成金提案書を書く

プロポーザルの概要

提案概要は、プロジェクトの目標と目的の概要です。提案書要約は短く、要点を絞って書いてください。2、3段落以内にまとめましょう。提案書の冒頭に記載します。

はじめに

補助金提案書の「はじめに」では、あなたやあなたの事業が信頼できる申請者であり、組織であることを示します。

新聞やオンライン記事など、あらゆる情報源から組織の業績を強調する。主要メンバーやリーダーの経歴を記載する。会社の目標と理念を述べる。

問題提起

問題提起は、あなたが解決しようとしている問題（ホームレスの減少など）を明確にするものです。必ず事実を用いる。その問題を解決することで、誰が、どのように恩恵を受けるかを述べる。どのように問題を解決するかを具体的に述べる。

助成金提案書を書く

プロジェクト目標

補助金提案書の「プロジェクト目標」のセクションでは、「目標」と「望ましい成果」に焦点を当てます。

すべての目的と、その目的を達成するための方法を明確にすること。目標を裏付ける統計は多ければ多いほどよい。必ず現実的な目標を掲げましょう。あなたが意図したことをどれだけ達成できたかで判断されるかもしれません。

プログラムの方法とデザイン

助成金提案書の「プログラムの方法とデザイン」のセクションは、詳細な行動計画です。

- どのようなリソースが使われるのか。
- どんなスタッフが必要になるのか。
- システム開発。
- プロジェクトの特徴のフローチャートを作成する。
- 何が達成されるのかを説明する。
- 、何が達成されるかを示す証拠を提示するよう努める。
- プログラム設計図を作成する。

助成金提案書を書く

評価

製品評価とプロセス評価がある。製品評価では、プロジェクトに関連する結果と、プロジェクトがどれだけ目的を達成できたかを扱う。

プロセス評価では、プロジェクトがどのように実施されたのか、当初の計画に沿っていたのか、計画のさまざまな側面における全体的な有効性などを扱う。

評価はプロジェクト期間中、またはプロジェクト終了後、いつでも開始することができる。プロジェクトの開始時に評価デザインを提出することをお勧めします。

プログラム前とプログラム中に説得力のあるデータを収集していれば、より良く見える。

評価デザインが最初に提示されなければ、プログラムデザインの批判的な見直しが促されるかもしれない。

将来の資金調達

助成金提案書の「将来資金」の部分には、助成金期間を超えた長期的な事業計画を記載すること。

助成金提案書を書く

予算

光熱費、レンタル機材、スタッフ、給料、食費、交通費、電話代、保険料などは予算に含めるべきもののほんの一部だ。

きちんと組まれた予算は、1円たりとも無駄にしない。

政府補助金に関する完全なガイドについては、グーグルで検索してください。

連邦国内援助カタログカタログの完全なPDF版をダウンロードできます。

その他の政府資金源

政府から一般中小企業向け融資を受けることができます。詳しくは中小企業庁へ。

SBAマイクロローン・プログラム

マイクロローン・プログラムでは、最高50,000ドルの融資を行っており、平均融資額は13,000ドルである。

https://www.sba.gov/

助成金提案書を書く

最近、億万長者のイーロン・マスクが49億ドルの政府補助金を獲得した。もしあなたが政府補助金の追求をためらっているのなら、そのことを肝に銘じてほしい。税金をほとんど納めていない億万長者に、何十億ドルもの税金が与えられたのだ。

政府補助金は実在する。価値のあるものは何でもそうであるように、それを得るためには努力と満たさなければならない資格がある。

第9章
コロッサル・キャッシュ より クラウドファンディング

クラウド・ファンディング クラウド・ソーシング

2015年には340億ドル以上がクラウドファンディングによって集められた。クラウドファンディングとクラウドソーシングのルーツは2005年に始まり、通常はインターネットを利用して多くの人々から資金を集めることによって、プロジェクトの資金調達や資金調達に役立っている。

この種の資金調達やベンチャー・キャピタルには、通常3つの要素がある。資金を必要とするプロジェクトを持つ個人または組織、そのプロジェクトに寄付をする人々のグループ、そしてこの2つをまとめるための仕組みやルールを設定する組織である。

これらのウェブサイトは手数料を取る。成功報酬の標準は約5%。目標が達成されなかった場合も手数料がかかる。

以下は、私とアントレプレナー誌の寄稿者であるサリー・アウトローによる、トップ・クラウドファンディング・ウェブサイトのリストである。

クラウド・ファンディング クラウド・ソーシング

https://www.indiegogo.com/

映画製作のためのプラットフォームとしてスタートし、今ではあらゆる目的のための資金集めに役立っている。

http://rockethub.com/

芸術のためのプラットフォームとしてスタートし、現在はビジネス、科学、社会プロジェクト、教育のための資金調達に貢献している。

http://peerbackers.com/

Peerbackers は、ビジネス、起業家、イノベーターのための資金調達に重点を置いている。

https://www.kickstarter.com/

クラウドファンディングサイトの中で最も人気があり、知名度も高い。Kickstarter は、映画、音楽、テクノロジー、ゲーム、デザイン、クリエイティブアートに焦点を当てている。Kickstarter は、アメリカ、カナダ、イギリスからのプロジェクトのみを受け付けている。

クラウド・ファンディング クラウド・ソーシング

グループ Growvc

http://group.growvc.com/

このウェブサイトはビジネスと技術革新のためのものです。

https://microventures.com/

エンジェル投資家にアクセスしようこのウェブサイトはスタートアップ企業向けです。

https://angel.co/

もうひとつの起業向けウェブサイト。

https://circleup.com/

サークル・アップは革新的な消費者向け企業向け。

https://www.patreon.com/

YouTube チャンネルを始めると（強くお勧めする）、このウェブサイトについて頻繁に耳にするようになるだろう。このウェブサイトは、クリエイティブなコンテンツを持つ人々のためのものだ。

クラウド・ファンディング　クラウド・ソーシング

https://www.crowdrise.com/

"インスピレーションを与えてくれる大義のために募金する"
ランディングページのスローガンが物語っています。#個人的な目的のためのナンバーワン募金サイト。

https://www.gofundme.com/

この募金サイトでは、ビジネス、チャリティー、教育、緊急事態、スポーツ、医療、記念、動物、信仰、家族、新婚さんなどにご利用いただけます。

https://www.youcaring.com/

無料資金調達のリーダー。4億ドル以上を調達。

https://fundrazr.com/

FundRazr は、受賞歴のあるオンライン資金調達プラットフォームで、何千もの人々や団体が、自分たちが大切にしている活動のために、資金を集める手助けをしてきました。

第10章 マーケティング 無料で10億人にリーチする方法

10億人に無料でリーチする方法！

コーヒーショップのビジネスを成功させるには、マーケティングが欠かせません。 今日のビジネス環境では、マーケティングは高価である必要はありません。ソーシャルメディアとGoogleやYouTubeのような大きな検索エンジンを使えば、大金をかけずに何百万人もの人々の前でビジネスを展開することができます。

ゼロコスト・マーケティング

マーケティングには様々な方法があるが、ここではゼロコスト・マーケティングにのみ焦点を当てる。あなたは起業したばかりです。あなたのビジネスが収入を生むようになってから、いつでもより高価なマーケティング方法を取ることができます。

無料ホスティング

無料のウェブサイトを手に入れよう。weebly.com や wix.com で無料のウェブサイトを手に入れることができる。または、google、bing、yahoo の検索エンジンで「無料ウェブホスティング」と入力してください。

無料のWebホスティングは、あなたが variitey または理由のために使用できるものです。しかし、多くの無料ホスティングサイトは、あなたが彼らのサービスを使用していることを皆に知らせるあなたのウェブアドレスの名前に拡張子を追加します。このような理由から、あなたは最終的にあなたが収入を作り始めるとスケールアップしたいと思います。

10億人に無料でリーチする方法！

低コストの有料ウェブホスティング

無料もいいですが、ビジネスを拡大する必要がある場合は、有料のウェブホスティングサービスを利用するのがベストです。月額10ドル以下で利用できるサービスもいくつかあります。

1. ヤフー中小企業
2. インテュイット・コム
3. ipage.com
4. Hostgator.com の
5. ゴダディ・ドット・コム

ヤフーのスモールビジネスでは、ウェブページは無制限で、総合的な価値はおそらく最も高い。Intuit は月払いが可能だ。

ウェブサイト上で無料でeコマースを行うには、Paypal アカウントを開設し、支払いボタンの HTML コードを無料で入手する。そして、そのボタンをあなたのウェブサイトに設置してください。

10億人に無料でリーチする方法！

ステップ1　ゼロコスト・インターネット・マーケティング

ウェブサイトを立ち上げたからには、少なくともトップ3の検索エンジンに登録する必要があります。1.グーグル　2.ビング　3.Yahoo

ステップ2　ゼロコスト・インターネット・マーケティング

プレスリリースを書いて提出する。無料のプレスリリースサイト」でググると、無料でプレスリリースを投稿できるプレスリリースサイトが見つかります。プレスリリースの書き方がわからない場合は、www.fiverr.com、たった5ドルで下請けに出すことができる！

ステップ3　ゼロコスト・インターネット・マーケティング

ezinearticles.com のようなアーティクル・マーケティング・ウェブサイトに記事を書いて投稿する。

ステップ4　ゼロコスト・インターネット・マーケティング

dailymotion.com や **youtube.com** のような動画共有サイトに動画を作成し、投稿する。動画の説明文には、必ずあなたのウェブサイトへのハイパーリンクを入れましょう。

ステップ5　ゼロコスト・インターネット・マーケティング

あなたのウェブサイトを **dmoz.org** に投稿してください。これは巨大なオープンディレクトリで、多くの小さな検索エンジンがデータベース用のウェブサイトを取得するために利用しています。

10億人に無料でリーチする方法！

YouTubeには10億人以上のユーザーがいる。あなたはすでにYouTubeチャンネルを持っていて、ビデオを作るのが得意かもしれない。しかし、もしYouTubeに動画をアップロードすることに慣れていないのであれば、次のようなウェブサイトを利用することができる。

フィーバー

https://www.fiverr.com/

https://goo.gl/R9x7NU

https://goo.gl/B7uF4L

https://goo.gl/YZ6VdS

https://goo.gl/RoPurV

fiverrでは、わずか5ドルでYouTubeビデオを素早く簡単に作成することができる。
　　　　　　（現在は1ドルのサービス料もかかる）

つまり、映画のチケットよりも安い料金で、不動産やビジネスのコマーシャルを24時間365日流すことができるのだ。

動画がアップロードされたら、人々に動画を見てもらう方法を知る必要があります。そこでSEO検索エンジン最適化の出番だ。

10億人に無料でリーチする方法！

ビデオを見てもらう

YouTube は視聴者のインタラクションを読み取るは、あなたの動画が面白いというサインです。サムズアップや「いいね！」は、あなたの動画のランキングを上げることになります。

視聴者のコメントは、検索ランキングでビデオを押し上げることができます。視聴者にコメントを残してもらうための1つのコツは、「（トピックを挿入する）についてどう思うか興味がある」と言うことだ。視聴者のコメントを得るもう1つの方法は、銃規制法、人種関係、中絶の権利、またはその他の論争の的となるトピックについてのビデオを作成することです。

YouTube は、あなたがビデオをアップロードするたびに、あなたの購読者のすべてに通知を送信することができます。そのため、登録者が多ければ多いほど、動画が再生される確率が高くなり、再生された動画は YouTube の検索結果で上位に表示されやすくなります。

視聴者にソーシャルメディアへのリンクをシェアしてもらうことが、動画をバイラルさせるのです。素晴らしい、あるいは面白いコンテンツが鍵だ。また、視聴者にお願いするだけでも問題はない。

どのビデオでも同じことを言うのではなく、「クローズ」ビデオを作成し、YouTube にアップロードすることができます。そうすれば、YouTube のエディターを使って、アップロードする動画に追加することができます。

10億人に無料でリーチする方法！

検索エンジン最適化（SEO）とは、動画にトラフィックを誘導するためのテクニックを指す言葉です。多くの人がYouTubeのルールに反する戦術を使って動画にトラフィックを誘導しています。これらは「ブラックハット」と呼ばれています。あなたのビデオへのビューを購入することができますウェブサイトの多くがあります。私はあなたが離れて任意の可能な非倫理的な戦術から滞在することをお勧めします。有機的にあなたのビューを取得します。

定期的にEメールを送っているすべての人にリンクを送ることで、良いトラフィックでビデオをスタートさせることができる。

Googleキーワードツール

SEO対策は、Googleキーワードツールを使って始める。次のサイトにアクセスする。

https://adwords.google.com/KeywordPlanner

そこでルートキーワードまたはキーワードフレーズを入力します。するとGoogleは、あなたのキーワードに関連すると思われる約700〜1200の検索結果を表示します。あなたのビデオに適切なキーワードを選択することは、あなたのビデオをランク付けすることができるようにするための鍵です。

10億人に無料でリーチする方法！

キーワードの選び方

700件の検索結果が表示されたら、関連性の高い順に並べ替えることができます。これにより、入力したオリジナルのキーワードやフレーズでランキングされる可能性が高くなります。

検索結果を競合順に並べ替えることができます。競合の少ないキーワードやフレーズを選ぶことで、上位表示の可能性を高めることができます。競合の少ないキーワードは、通常「月間」検索数が少ないですが、いくつかのランキングを組み合わせることで、1つのキーワードでランクインするよりも良い場合があります。

記事マーケティング

Ezine Articles は、インターネット上でトップ記事のマーケティングサイトの一つです。あなたは http://ezinearticles.com/、無料で参加することができます。あなたがサイトに参加したら、あなたのYouTube のビデオに関連するこのウェブサイトに記事をアップロードすることができます。Ezine は、あなたの記事にリンクを配置することができます。リンクは YouTube のトラフィックに戻ることができ、劇的にビューを増やすことができます。

記事を書くときは、できるだけ YouTube の動画に合わせるようにしましょう。見出し、タイトル、説明文はできるだけ同じものを使いましょう。YouTube と Google は関連性が大好きです。

10億人に無料でリーチする方法！

記事の文字数は700字から800字の間が望ましい。これは、多くのブログが好むサイズです。あなたの記事がEzine articlesにアップロードされると、世界中のどのウェブサイトでも取り上げることができる。私は以前、写真のマーケティングに関する記事が世界中の800近いブログに取り上げられたことがある。その多くは記事中にリンクを残しており、私のビデオやウェブサイトに大量のトラフィックを集めることができた。すべてのブログが倫理的であるわけではなく、彼らのウェブサイトにトラフィックを維持するために、多くはあなたのリンクを削除します。また、多くのブログはあなたのリンクを彼らのリンクに置き換えるでしょう。やってみないとわからない。

プレスリリース

あなたのビデオへのトラフィックを増やす最も強力な方法の一つは、プレスリリースを書いて提出することです。プレスリリースを書いたことがなくても、怖がる必要はありません。ウェブサイト www.fiverr.com、たった5.00ドルでプレスリリースを書いてもらうことができます！

プレスリリースを自分で書きたい場合、いくつかのヒントがあります。

基本的な書式は、1ページに3段落、即時リリース。 ただし、休日のような日付が関係する場合は、編集者に発売を遅らせてもらうこともできる。

10億人に無料でリーチする方法！

見出しは注目を集めるものでなければならない。編集者の注意を引かなければ、プレスリリースの残りの部分は読まれません。プレスリリースのウェブサイトに行き、発表されたプレスリリースを見て、見出しと適切なフォーマットを研究しましょう。

見出しを作ったら、3つの段落を書く。最初のパラグラフは、あなたのストーリーが何なのかを短く要約する。「でも、伝えたいことがたくさんありすぎて、短い段落ではまとめきれません。革命戦争には途方もないストーリーが山ほどある。2時間の映画も作られた。ここでは、それらの出来事を2文で説明する。後のアメリカ合衆国の植民地がイギリスと戦った。植民地が勝利した！

第2パラグラフは、あなたのストーリーを記述する。ニュース記事の形式を保つこと。プレスリリースで売り込もうとしてはいけません。エンターテインメント番組は、有名人を登場させ、小出しにし、その商品や大義名分の売り込みや宣伝でインタビューを終わらせるのが得意だが……。

第3パラグラフは行動への呼びかけです。「被災者を支援する方法については
555-1212に電話するか、このリンクをクリックしてください。"

ほとんどのプレスリリースのウェブサイトは、あなたのプレスリリースに少なくとも1つのリンクを配置することができます。

10億人に無料でリーチする方法！

無料のプレスリリースサイトのトップ5のリストはこちらです：

トップ無料プレスリリースサイト

https://www.prlog.org

https://www.pr.com

https://www.pr-inside.com

https://www.newswire.com

https://www.OnlinePRNews.com

10億人に無料でリーチする方法！

ソーシャルメディア・ウェブサイト

YouTubeに動画をアップロードしたら、自分の動画にコメントや「いいね！」をする必要があります。自分の動画に「いいね！」をすると、YouTubeはその動画を強力なソーシャルメディアサイトにリンクするオプションを提供します。ですから、動画をアップロードする前にこれらのウェブサイトに参加する必要があります。以下は、参加すべきソーシャルメディアサイトのリストです。これらのウェブサイトに動画をリンクすると、評価の高いウェブサイトへのバックリンクが作成され、YouTubeやGoogleのアルゴリズムに、どの動画が関連性があり、最も人気があるとみなされるかの要因になります。

ソーシャルメディア・ウェブサイト

https://www.facebook.com

https://www.tumbler.com

https://www.pinterest.com

https://www.reddit.com

https://www.linkedin.com/

http://digg.com/

https://twitter.com

https://plus.google.com/

10億人に無料でリーチする方法！

最後に、現在最も成功しているマーケティング手法の一つが「パーミッション・マーケティング」である。これは、見込み客からEメールアドレスを提供してもらい、マーケティングを行う許可を得るというものだ。

マーケティングオートメーションプラットフォームとEメールマーケティングサービスが必要です。これらの企業はあなたのメールを保存し、送信します。

Getresponse、MailChimp、Aweberは、より人気のあるメールストレージ自動応答会社の一部です。

Eメールリストを作るには、通常、Eメールアドレスと引き換えに無料の製品やレポート、書籍を提供する必要がある。そして、Eメールアドレスを取得して保存するウェブページにEメールアドレスを送信します。

第11章
犬の繁殖ウェブ情報ガイド

ウェブ卸売リソース・ローロデックス

本書の執筆時点で、以下の企業はすべてウェブサイトを開設しており、活発に事業を展開している。時折、企業は廃業したり、ウェブアドレスを変更したりする。そのため、1つの情報源だけを紹介するのではなく、たくさんの情報源から選んでいただけるようにしています。

犬の飼育用品

http://goo.gl/R9DDto

http://www.valleyvet.com/c/pet-supplies/dog-breeding-supplies.html

http://www.breederssupply.com/

http://www.atozvetsupply.com/Breeder-supplies-s/20.htm

https://www.exodusbreeders.com/

組織

http://www.adbadogs.com/p_home.asp

http://www.arba.org/

http://www.iwdba.org/

公認犬種全リスト

http://www.akc.org/dog-breeds/

ドッグトレーニング用品

http://www.dog-training.com/

http://www.roverpet.com/

http://www.dogsupplies.com/

http://www.petwholesaler.com/index.php

http://www.happytailsspa.com/

http://www.futurepet.com/

http://www.petmanufacturers.com/

http://www.k9bytesgifts.com/

http://www.kingwholesale.com/

http://www.upco.com/

認証プログラム

http://www.ccpdt.org/

https://apdt.com/join/certification/

犬の情報
www.rainbowridgekennels.com

交通
中古トラック/中古車オンライン

http://gsaauctions.gov/gsaauctions/gsaauctions/

http://www.ebay.com/motors

http://www.uhaul.com/TruckSales/

http://www.usedtrucks.ryder.com/vehicle/VehicleSearch.aspx?VehicleTypeId=1&VehicleGroupId=3。

http://www.penskeusedtrucks.com/truck-types/light-and-medium-duty/

部品

http://www.truckchamp.com/

http://www.autopartswarehouse.com/

バイク＆オートバイ

http://gsaauctions.gov/gsaauctions/aucindx/

http://www.bikesdirect.com/products/used-bikes/?gclid=CLCF0vaDm7kCFYtDMgodzW0AXQ

http://www.overstock.com/Sports-Toys/Cycling/450/cat.html

http://www.nashbar.com/bikes/TopCategories_10053_10052_-1

http://www.bti-usa.com/

http://evosales.com/

コンピュータ／事務機器

http://www.wtsmedia.com/

http://www.laptopplaza.com/

http://www.outletpc.com/

コンピュータツールキット

http://www.dhgate.com/wholesale/computer+repair+tools.html

http://www.aliexpress.com/wholesale/wholesale-repair-computer-tool.html

http://wholesalecomputercables.com/Computer-修理ツールキット/M/B00006OXGZ.htm

http://www.amazon.com/Wholesale-Computer-Repair-Screwdriver-Insert/dp/B009KV1MM0

http://www.tigerdirect.com/applications/category/category_tlc.asp?CatId=47&name=Computer%20Tools

コンピュータ部品

http://www.laptopuniverse.com/

http://www.sabcal.com/

その他

http://www.nearbyexpress.com/

http://www.commercialbargains.co

http://www.getpaid2workfromhome.com

http://www.boyerblog.com/success-tools

アメリカン・マーチャンダイズ・リクイデーターズ

http://www.amlinc.com/

ザ・クローズアウト・クラブ

http://www.thecloseoutclub.com/

RJ 割引販売

http://www.rjsks.com/

セントルイス卸売

http://www.stlouiswholesale.com/

卸売エレクトロニクス

http://www.weisd.com/

アナ・ホールセール

http://www.anawholesale.com/

オフィス卸売

http://www.1-computerdesks.com/

1aaaa 卸売商品

http://www.1aaawholesalemerchandise.com/

卸売り

http://www.biglotswholesale.com/

その他のビジネス・リソース

1. http://www.sba.gov/content/starting-green-business

在宅ビジネス

2. http://www.sba.gov/content/home-based-business

3. オンラインビジネス

http://www.sba.gov/content/setting-online-business

4. 自営業および独立請負業者

http://www.sba.gov/content/self-employed-independent-contractors

5. マイノリティ企業

http://www.sba.gov/content/minority-owned-businesses

6. 退役軍人所有企業

http://www.sba.gov/content/veteran-service-disabled-veteran-owned

7. 女性経営企業

http://www.sba.gov/content/women-owned-businesses

8. 障害者

http://www.sba.gov/content/people-with-disabilities

9. 若い起業家

http://www.sba.gov/content/young-entrepreneurs

最後に、この本を楽しんでいただけたなら、ぜひ感想を聞かせてください。とても助かります！

ありがとう、

ブライアン・マホーニー

ご興味のある方はこちらもご覧ください：

スモールビジネス立ち上げのための資金調達方法：
クラウドファンディング、政府補助金、政府融資から巨額の資金を得る方法

ラムゼイ・コルウェル著

ラムゼイ・コルウェル著